गर्दिश

सिकन्दर मुर्तज़ा

ग़ज़ल

हमने यूँ परछाइयों का सिलसिला रहने दिया।
शमा गुल कर दीं सभी बस एक दिया रहने दिया।।

मुफलिसी के दौर में बचते थे अब आते हैं पास।
एहतियातन हमने भी अब फासला रहने दिया।।

लापता जितने हुए सब भीड़ के हमराह थे।
तन्हा हैं हम सू-ए-मन्ज़िल क़ाफिला रहने दिया।।

गर्दिशे अय्याम ने छोड़ा नहीं कोई सितम।
छीन ली कुव्वत सभी पर हौसला रहने दिया।।

था अगर बाग़ी तो क्यों मोहलत मिली इबलीस को।
ऐ खुदा क्यों हश्र तक ये मसअला रहने दिया।।

बाब सारे खोलकर मन्ज़िल पे है सख़्ती कड़ी।
आज़माइश के लिए ये मरहला रहने दिया।।

बख़्श दी हाकिम ने जां तो हो रहे हो शाद क्यों।
छीन ली दस्तार तो फ़िर क्या भला रहने दिया।।

ज़ैग़म को मिलती है फलाह या होगा वो यूँ ही हलाक़
वक़्त की आग़ोश में ये फैसला रहने दिया।।

ग़ज़ल

ज़िक्र जीने का भी हो और क़ज़ा की बात करें।
चराग़ भी करें रोशन हवा की बात करें।।

सुरूर मय का भी हो हुस्न भी हो ख़िदमत में।
अगर जमात में बैठें ख़ुदा की बात करें।।

सिखाएं बेटी को करना अलग तू जाते ही।
जब आए ख़ुद के बहू तो निबाह की बात करें।।

अगर हो दूसरा मुश्किल में तो नज़र फेरें।
पड़े जो ख़ुद पे तो सबसे दुआ की बात करें।।

नज़र मिलाएं कभी देख कर करें पर्दा।
दीवाना कौन हो गर ना अदा की बात करें।।

अव्वल-अव्वल तो ये पैमान कि जीना है साथ।
दिन बदलते ही वही अलविदा की बात करें।।

तशनालब हैं ना किसी सू भी क़रार आता है।
छोड़ फुरक़त की तपिश बस घटा की बात करें।।

ये अलग कौम का है इससे हमे ख़तरा है।

मुल्क में फैल रही इस वबा की बात करें।।

जैग़म को मयस्सर नहीं एक बावफा हबीब।

चलो नसीब को कोसें जफा की बात करें।।

ग़ज़ल

दिल किसी का दुखाना ग़लत बात है।
बेकसों को सताना ग़लत बात है।।

सबकी करना मदद बात अच्छी है ये।
करके उसको जताना ग़लत बात है।।

ज़र कमाओ बहुत हर्ज कुछ भी नहीं।
दिल दुखा के कमाना ग़लत बात है।।

हम परेशान हैं उसका कुछ ग़म नही।
उनका यूं मुस्कराना ग़लत बात है।।

काट देते हैं कुछ आस पे ज़िन्दगी।
ना अहद को निभाना ग़लत बात है।।

उम्र भर साथ देने की हो ना नीयत।
दिल किसी से लगाना ग़लत बात है।।

बोल दो मुंह पे ही जो नहीं कर सको।
आस उसकी जगाना ग़लत बात है।।

दर्द हो चाहे कुछ राज़ उसको रखो।
पर खुशी को छिपाना ग़लत बात है।।

हमने झूठे को झूठा ही बतला दिया।
कह रहा है ज़माना ग़लत बात है।

लोग सोचेंगे कि है दीवाना कोई ।
बेवजह मुस्कराना ग़लत बात है।।

अब वो रूठें तो रूठा ही रहने भी दो।
हर घड़ी यूं मनाना ग़लत बात है।।

तुमसे ज़ैग़म खुद ही से ना कुछ हो सका।
अब यूं आंसू बहाना ग़लत बात है।।

ग़ज़ल

बुरे को बुरा कह दिया तो क्या बुरा किया।
क्यों हमसे वो ख़फा हैं अब ऐसा भी क्या किया।।

अपनी क़लम उठी तो बयां हक़ ही बस करा।
झूठों का खुद को बेच के कुछ ने दिफा किया।।

एक हम ही थे जो सामने खुलकर खड़े रहे।
वरना ज़मीर बेच के सबने मज़ा किया।।

बुज़दिल हैं कुछ ऐसे भी जो हक़ जानते तो हैं।
लब सिल लिए इस दौर में और बस निबाह किया।।

एहसान फरामोश भी मिल जाते हैं अक्सर।
जिसने उन्हे नवाज़ा उसी से दगा किया।

ज़ालिम को पसन्द ही नहीं कोई करे सवाल।
कुछ को असीर कुछ को क़त्ल बे-ख़ता किया।।

तुझसे भी पहले सरकशो-जाबिर कई हुए।
तारीख़ उनकी पढ़ क्या किसी से पता किया।।

आहें किसी की लीं तो सताया है किसी को।
सोचो कभी किसी का क्या तुमने भला किया।

ज़ैग़म उन्हे कह दो ये है मीरास-ए-शहीदां।
हमने बता के हक़ नहीं कुछ भी नया किया।।

ग़ज़ल

दुनिया को हर एक बात बताया नहीं करते।

हर ग़म को सरेआम नुमाया नहीं करते।

ला-ऐतबार हैं सभी देना ना कोई भेद।

वादा किया करते हैं निभाया नहीं करते।

नस्लों की तबाही का सबब बनते हैं आँसू।

बेकस हो या लाचार सताया नहीं करते।

अदना सी ये चिंगारी जला डालेगी एक दिन।

कमज़ोर को इतना भी दबाया नहीं करते।

अफसोस से बेहतर है बयां कर दो हाल-ए-दिल।

मौक़े जो निकल जाते हैं आया नहीं करते।

तकलीफ दिया करते हैं कुछ ज़ख़्म उम्र भर।

ये घाव तबीबों से छिपाया नहीं करते।

कुछ ज़ख़्म हरे रखते हैं हम जान बूझकर।

अहले सितम को यू ही भुलाया नहीं करते।

शबनम से उठी है जो शरर दिल मे है मौजूद।
हर आग को पानी से बुझाया नहीं करते।

ज़ैगम ना कर मुबाहिसा जाहिल से बाज़ आ।
कम अक़्ल पे अल्फाज़ यूं ज़ाया नहीं करते।

गज़ल

उनको हमसे है काम बहुत।
फिर धोखे का इमकान बहुत।

फिर से दिखलाते हैं चाहत।
हम नादां वो शैतान बहुत।

कल तक जो ना पहचानते थे।
हैं अब हम पर कुर्बान बहुत

हमसे तो बचते फिरते थे।
अब मिलने के अरमान बहुत।

करते थे किनारा जो कल तक।
अब देते है पैग़ाम बहुत।

गिरगिट को भी पीछे छोड़ा।
रंग बदले है इंसान बहुत।

इस दाल में कुछ तो काला है।
मैं खुद भी हूं हैरान बहुत।

बस मरना ही तो पड़ता है।
अच्छा बनना आसान बहुत।।

मुझको तो एक ही काफी है।
तुम खुद पूजो भगवान बहुत।।

ज़ैग़म ना आना चक्कर मे।
हो जाएगा नुक़सान बहुत।।

ग़ज़ल

रब ने यूँ मेरे सफीने का भरम रक्खा है।
बीच मझधार मे तूफान को कम रक्खा है।।

नाख़ुदा को ये वहम उसके है बाजू का कमाल।
उसने पतवार पे मख़सूस करम रक्खा है।

अपने हाथो से उजाड़ा था हर एक घर जिसने।
नाम उस शहर का अब शाह ने अमन रक्खा है।।

तोड़ते घर को हैं और कहकहे लगाते हैं।
ज़ुल्म के दौर मे अब किसको रहम रक्खा है।।

ज़ुल्म हम पे हुए हम मुसकरा के चलते बने।
बात में अपनी यूं हमने भी वज़न रक्खा है।।

उसको निसबत से मेरी कल जो शरम आती थी
राबता हमने भी अब उनसे यूँ कम रक्खा है।

हैं अभी से ही क्यों हैरान सभी अहले कलम।
हमने तो बस अभी मैदां मे कदम रक्खा है।

ज़ैग़म के अयां होती है चेहरे से मसर्रत।
इल्म उसको है फकत दिल में तो ग़म रक्खा है।

ग़ज़ल

कारे-इमदाद अलग शय है मसीहाई और।
है अलग राह दिखाना तो है बीनाई और।।

तपती गर्मी मे बग़ीचे का है आराम अलग।
और सावन मे है चलती हुई पुरवाई और।।

बाप की डांट है अब चैन से जीने का सबब।
हर क़दम पर कहीं मिलती हुई रूसवाई और।।

साज़ मग़रिब के हैं शहवत के ज़हर मे डूबे।
दिल को देती है सुकूं हिन्द की शहनाई और।।

चार दिन के लिए रूठे हैं है मिलने का यकीं।
कौन नादां को बताए कि है तन्हाई और।।

थोड़े ही काफी थे इन मुर्दा दिलों की ख़ातिर।
फिर भी हाकिम ने भला फौज क्यों बुलवाई और।।

यू तो पहले ही सदाक़त का शजर ज़ख़्मी था।
झूठ की रूत में नई शाख़ भी मुरझाई और।।

चाह उनकी है वो दे देते है अपनी तस्वीर।

मुकम्मल वजूद और है परछाई और।।

जैग़म नज़र ना फेर समझ कर के भिखारी।

अलग है मांगना मुश्किल मे तो गदाई और।।

ग़ज़ल

हर रूत मे अलग होती है इन्सां कि कहानी।
पीरी मे अलग दर्द हैं रंगीन जवानी।।

बचपन सा नहीं दौर हर एक शय में मज़ा है।
ना फ़िक्र किसी बात की बस मौज उड़ानी।।

दिल में है बुग़्ज़ ना कीना ना हसद है कोई।
दो पल के लिए रूठे हैं, फ़िर यारी पुरानी।।

पढ़ने का नहीं होश है हर वक़्त खेलना।
डाँट भी खानी है, करनी भी है फिर शैतानी।।

हैं रंग जवानी के अलग अपनी ही धुन में।
है जोश रगो मे भी तो ख़ूँ में भी रवानीं।।

बस इश्क है महबूब है रंगीनियां हर सिम्त।
और क़ैद मौहब्बत में है ये अक़्ल दीवानी।।

मिल जाए जो धोखा तो रहेगी ये कैफियत।
गोशे में पड़े रहना है और अश्क फिशानी।।

होता है बाद-ए-अक़्द नए दौर का आग़ाज़।
दौलत की आरज़ू भी है इज़्ज़त भी कमानी।।

पीरी का है वो दौर कि लाचार पड़े हैं।
बचपन कभी सोचें कभी याद आए जवानी।।

इबरत के वास्ते है ये ज़ैग़म तवाफे ज़ीस्त।
हर शय को है ज़वाल हर एक चीज़ है फानी।।

ग़ज़ल

अब तुमको कोई हमसा ना इन्सान मिलेगा।
दुनिया में कहीं जाओ ना आराम मिलेगा।।

मिलने को तो मिल जाऐंगे मौक़ा परस्त लोग।
बेलौस कोई हमसा ना नादान मिलेगा।।

दुनिया है ये इरफान सभी का नही मुमकिन।
इन्सान के पैकर मे ना इन्सान मिलेगा।।

हम और हैं कि हमको है बस तुम से मौहब्बत।
ज़र पे तो कोई हुस्न पे कुर्बान मिलेगा।।

ना क़द्र हमारी हुई हम बावफा जो थे।
तुमको भी फकत देखना नुकसान मिलेगा।

बन्दो में ही मिलता है नहीं बुत में है मौजूद।
हर जगह तलाशोगे ना भगवान मिलेगा।।

लो जा रहे हैं अब ना हमे ढूँढ़ना कहीं।
चिट्ठी ना कोई ख़त ना ही पैग़ाम मिलेगा।।

अब आशियां बसा लो किसी और दरख़्त पर।
गुलशन में ना अब इस शजर का नाम मिलेगा।।

ज़ैग़म का क्या है उसको तो आदत है दर्द की ।
है उनकी फिक्र उनको ना आराम मिलेगा।।

ग़ज़ल

गिरने का खौफ है तो सम्मलना भी सीखीए।
पैरों पे खुद के अब तो यूँ चलना भी सीखीए।।

पानी की आरज़ू है तो छोडो ना जुस्तजू।
सहरा की गर्म रेत में जलना भी सीखीए।।

आराम तुम्हे अब कही घर सा ना मिलेगा।
परदेस के माहौल मे ढलना भी सीखीए।।

नर्मी से ही हल होते हैं कुछ सख़्त मसायल।
कुछ बर्फ की मानिन्द पिघलना भी सीखिए।।

कुछ मारके जो कृद से भी होते हैं बालातर।
सर करने की है चाह तो उछलना भी सीखीए।।

ना फूल बिखेरेगी तेरी राह मे दुनिया।
हर ख़्वार को रस्ते के कुचलना भी सीखीए।।

ख़्वाहिश है अगर रखने की रिश्ते को सलामत।
दिल से वो मनाएं तो बहलना भी सीखीए।।

ऐसा नहीं की हर घड़ी बस सब्र ही करो।
मख़्सूस कुछ जगह पे मचलना भी सीखिए।।

बेलोच शजर गिरते हैं आंधी मे तो ज्यादा।
हालात कड़े हों तो बदलना भी सीखिए।।

ज़ैग़म तो चाहता है कि हो जाएं फरिश्ता।
इन्सां बने रहना है तो छलना भी सीखिए।

गज़ल

चलना है ले के साथ किसी पर सितम नहीं।
हाकिम का कौल है ये हमारा वहम नहीं।।

ऐलान ये हुआ था यक़ीं सबका चाहिए।
अब तोड़ते हैं घर है ज़रा भी रहम नहीं।।

वो मार के इन्सान को बन जाते हैं रहबर।
गर निकलें दिफा को भी तो इन्सान हम नहीं।।

हाकिम का फर्ज़ है ना किसी पर हो ज़्यादती।
इन ज़ालिमो ने रक्खा किसी का भरम नही।

मजूदर हैं तादाद में कुछ ही हैं अहले ज़र।
चुभते हैं उनकी आँख में ये भी हज़म नहीं।।

दो चार जो बचे हैं वो मेहनत से बने हैं।
खुद की ही जुस्तजू है तुम्हारा करम नहीं।।

मुजरिम को शह मिली है तो मासूम को सज़ा।
है जुर्म में शरीक अदालत भी कम नहीं।।

कह दो जम्हूरियत का कोई नाम ना ले अब।
करते क्यों एक ही बार में क़िस्सा ख़तम नहीं।।

ज़ैग़म को क़त्ल करते थे वो होते थे मसरूर।
अफसोस उस हसी का है मरने का ग़म नहीं।

ग़ज़ल

मिलने में आज उनके अलग सी अदा लगे।
लहज़ा तो उनका तल्ख़ था अब क्यों जुदा लगे।।

मुरव्वत दिखा रहे हो भला ख़ैरियत तो है।
हाजत है फिर से कुछ ये हमें तो शुबहा लगे।।

वो और दौर था कि थी हाज़िर ये जान भी।
कर लें वो अब सवाल तो हमको गदा लगे।।

क्या माजरा है जाने क्यों कुरबत जता रहे।
उनको तो हम हक़ीरों-मवाली सदा लगे।।

खाए हैं इतने ज़ख़्म नहीं ऐतबार अब।
रख दे वो दिल निकाल के तब भी दग़ा लगे।।

अब तक सुरूर है तेरी नफरत के जाम का।
ले जाए कोई घर भी तो अब मयकदा लगे।

इस रंगो बू के धोख़े मे ना आना फिर से तुम।
ये फूल तो चमन मे है ताज़ा उगा लगे।।

दिख जाए मुफलिसी तो नहीं फिर कोई सवाल।
आला नसब हुआ करें पर फिर कहाँ लगे।।

गुरबत में नहीं रखते कोई राबता मगर।
सरवत में हाल ये है कि बिल्कुल सगा लगे।।

ज़ैग़म बुरा ना मान ये दुनिया का है रिवाज।
पड़ जाए अगर काम तो बुत भी खुदा लगे।।

ग़ज़ल

बाकी कभी किसी की मौहब्बत नहीं रहती।
मिल जाए हद से ज़्यादा तो चाहत नहीं रहती।।

होती है क़द्र उसकी जो मुश्किल से हो हासिल।
युं ही जो मयस्सर हो तो कीमत नहीं रहती।।

तय करते हैं हालात हर एक शख़्स का किरदार।
क़ाज़ी की भी मुश्किल में सदाक़त नहीं रहती।।

बर्दाश्त ज़ुल्म करने के होते हैं कुछ हुदूद।
इज़्ज़त पे जो बन आए शराफत नहीं रहती।।

कमज़ोर मुक़ाबिल हो तो कहलाएं सूरमा।
दुश्मन जो क़वी हो तो शुजाअत नहीं रहती।।

नस्लों को रंगा जाता है तहज़ीब के रंग में।
यूँ ही किसी की बाक़ी सकाफत नहीं रहती।।

मतलब है जब तलक तो बना लेंगे खुदा भी।
मिल जाए जो बेहतर तो ज़रूरत नहीं रहती।।

इबरत के वास्ते ही है तारीख़े इंक़लाब।
बढ़ जाएं हद से ज़ुल्म हुकूमत नहीं रहती।।

ज़ैग़म ये सक़ावत भी है नीयत पे मुन्हासिर।
दिल ना हो तो सायल को भी हाजत नहीं रहती।।

ग़ज़ल

इस दौर में अब मक्कारों के पैमाने शराफत कौन करे।
झूठे ही सब पर क़ाबिज़ हैं अब अहद-ए-सदाक़त कौन करे।।

किरदार में कितने ही ख़म हों ज़र हो लिबास भी उजला हो।
दुनिया उनको ही पूजेगी, सच्चो की इज़्ज़त कौन करे।

जालिम को मिलता है ओहदा, मज़लूम सताया जाता है।
इस अहले सितम की बस्ती में ख़ुद उनकी शिकायत कौन करे।।

इन्साफ फलां ने मांगा था अब कैद पड़ा है ज़िन्दां में।
झूठे को झूठा कहने की इस दौर में हिम्मत कौन करे।।

इस बात से अब सब वाक़िफ हैं इन्साफ नहीं मिलने वाला।
ख़ुद मुन्सिफ ही लाचार जहां हो सच की हिमायत कौन करे।।

फरियादी को तो रहने दो निपटा देते हैं मुन्सिफ ही।
सच बोल के अब इस ज़ालिम से यूं खुल के अदावत कौन करे।।

मक्कार हैं ये सब जानते हैं कितने में रहबर बिकता है।
जिनकी मिट्टी में सौदा हो अब उनसे सियासत कौन करे।।

रहबर को भी मालूम है ये वो ऐश करेगा दौलत से।
जर्फ़-ओ-ज़मीर के चक्कर में पड़ने की हिमाक़त कौन करे।।

ज़ैग़म को जो भी कहना है वो कह देता है मुँह पर ही।
नही हुनर ख़ुशामद का सीखा, अब उससे मौहब्बत कौन करे।।

गज़ल

उन्ही से ज़ख़्म खाए हैं उन्ही को ही पुकारा है।
हमे जिसने गिराया था लिया उनसे सहारा है।।

मौहब्बत में ना दिखता था हमे अच्छा बुरा क्या है।
भंवर में फंसते जाते थे ये लगता था किनारा है।।

नहीं दिखता था कुछ भी तो जिधर देखो वही सूरत।
दीवाना मुझको कहते थे किया ये सब तुम्हारा है।।

नसीहत भी मिली हमको तो यारों ने भी समझाया।
नज़र आते ये सब दुश्मन फकत महबूब प्यारा है।।

नहीं दुनिया से हारे थे मगर अब हार बैठे हैं।
नहीं दुश्मन की जुर्रत थी करम ये सब तुम्हारा है।।

कभी इनकार मिलने से कभी ये बेरूख़ी उनकी।
नहीं समझे थे हम ये ही बदलने का इशारा है।।

मौहब्बत सीख कर हमसे किसी पर आज़माते हैं।
नहीं देखा कही ऐसा, सितम ये क्या खुदारा है।।

बिछड़ कर उनसे ये जाहिल कहा जाने लगा शायर।
उन्ही ने था किया रूसवा उन्ही ने यूँ संवारा है।।

तुम्हे क्या इल्म ये ज़ैग़म कि कितनी चोट लगती है।
वो दौर-ए-हिज्र ज़िन्दा थे मगर मर कर गुज़ारा है।।

ग़ज़ल

इन्सां पे करे है कभी भगवान पे झगड़ा।
फ़ितरत है आदमी की हर एक काम पे झगड़ा।।

मस्जिद से वास्ता है ना मन्दिर गया कभी।
ख़तरे मे दीन है इसी इमकान पे झगड़ा।।

जिसने किया है ख़ल्क़ उसे हम से है ख़तरा।
तू ख़ुद को बचा, कर ले जा शैतान से झगड़ा।।

ईश्वर ना कहीं जाएगा अल्लाह भी रहेगा।
कुर्सी, ज़कात, चन्दा कहीं दान पे झगड़ा।।

मिल जाए ज़र मुझे तो हुकूमत भी चाहिए।
हर शर की जड़ है ये इसी अरमान पे झगड़ा

बारी थी अबके मेरी तू क्यों फिर से आ गया।
तक़सीम मे सरकार की नुक़सान पे झगड़ा।।

इस पर तो कड़े पहरे हैं वो छोड़ दी यूं ही।
कश्मीर पे रहता कभी गलवान पे झगड़ा।।

बोली फलां रहबर की तो ऊंची लगी बहुत।
मुन्सिफ के लग रहे हैं जो उस दाम पे झगड़ा।

हम उलझनों मे हैं ये मज़े क्यों उड़ा रहा।
अपने नहीं तो उसके है आराम पे झगड़ा।।

ये मिल्कियत मेरी भी वो अपनी बता रहा।
अजदादे नामवर के कभी नाम पे झगड़ा।।

ज़ैग़म ने नहीं लिक्खा है तहरीर फलां की।
जब कुछ ना मिल सका तो है दीवान पे झगड़ा।।

ग़ज़ल

यूँ बेटी के घर को भी माँ बर्बाद कराया करती है।
जो बात ख़त्म हो सकती है वो बात बढ़ाया करती है।।

हमने तो दुनिया देखी है तू कैद पड़ी है एक घर में।
शौहर से कह घुमवाएगा दिन रात सिखाया करती है।

कभी झाड़ू कर कभी बर्तन धो कभी मेहमानो को चाय बना।
जाने कैसी जेठानी है हर वक़्त सताया करती है

जो कुछ भी घर में होता है हर बात मुझे बतलाया कर।
ससुर ने कितनी रोटी लीं और सास क्या खाया करती है

है कौन ससुर कैसी माँ है क्या ननद है क्या है जेठानी।
बस शौहर को रख मुट्ठी ये पाठ पढ़ाया करती है।

कितने जोड़े बनवाए हैं क्या देता है तुझे खर्चे को
वो फलां की लड़की आई थी वो ऐश उड़ाया करती है

सस्ते डॉक्टर को दिखलाया बीमार थी जब मेरी बेटी।
जैसे खुद को नज़ला भी हो फोर्टिस में दिखाया करती है।

हर बात में तेरे पहरे हैं तुझ पर ही क्यों है पाबन्दी।
जरा देख फलां की बेटी को वो आया जाया करती है

बेटी ना बनाएगी खाना मैं भिजवा दूँगी नौकर को।
खुद हो जैसे वो महारानी ना हाथ हिलाया करती है।

कभी ननद करे कभी जेठानी कभी सास करे है जुल्म बहुत।
मेरी बेटी कितनी भोली है हर बात दबाया करती है।

कितनी भोली है ये बेटी कोई शौहर के दिल से पूछे।
गर छेड़ दिया थोड़ा सा भी घर सर पे उठाया करती है।

मेरी बेटी तो है गाय सिफत लब खोलती है बस हाजत पर।
अब आकर देखे कोई ज़बा कैंची सी चलाया करती है।

घरवाले मुझे सताते हैं मैं रहूँगी बस शौहर के साथ।
बेटी को रट्टू तोते सा ये पाठ रटाया करती है।

आएगी तो तेरे भी बहू और कर देगी बेटे से अलग।
ये नस्ले-नौ है कर्ज़ सभी फौरन ही चुकाया करती है।।

तेरे मियां का कोई चक्कर है तभी रखता है तुझे सख़्ती में।
बेटी के ज़हन में ये बाते दिन-रात बिठाया करती है।

जाने कैसी ससुराल मिली छुड़वा डाले सब शौक़ तेरे।
वो फलां तो जिम भी जाती है मुझे आके बताया करती है।

खुद पहनता है महंगे कपड़े तू घूम रही है कुर्ती में।
तू मियाँ से क्यों ना कहती है क्यो जान ना खाया करती है।

रखता है बड़े सलीके से जेठानी को उसका शौहर
एक तू है मैले कपड़ों में शादी में जाया करती है

है देख रखी दूजी कोई और छोड़ना चाहता है मुझको
चाहे बेटी ना चाहती हो पर वो कहलाया करती है।

हो शौहर या हो सास ससुर हक़ बात पे लड़ना पड़ता है।
चुप रहकर उनकी बातों पर क्यों सर पे चढ़ाया करती है।

मत मानना तू अपनी ग़लती फिर दबकर रहना पड़ता है।
फलां ने ग़लती मानी थी अब तक पछताया करती है।

मत मनवा तू उससे ग़लती नौबत तलाक़ की आ जाए।
अपनी तो तूने काट ली है क्यों उसकी ज़ाया करती है।

डिग्री तलाक़ की लेती हैं ऐसी ही माओं की बेटी।
नहीं समझाती है चीज़ सही बस बात बढ़ाया करती है।

लगता है मुझको तो ऐसा है दिल में उसके टीस बहुत।
जो उसने ख़ुद ही झेला है बेटी को बताया करती है।

बस क़िस्मत थी जो ले डूबी बेटी के थे पैग़ाम बहुत।
पहले तो कुछ ना दिखता था अब क्यों पछताया करती है।

ज़ैग़म को देना बख़्श सभी नहीं लिक्खा है हर माँ के लिए।
बस उस मां की है शान मे ये जो घर तुड़वाया करती है।

ग़ज़ल

ये तो परवाना मरा जाता है शमा के लिए।
हैसियत कुछ नही चराग़ की हवा के लिए ।।

सब मरे जाते हैं जीने को ना छोड़े दुनिया।
गर खुदा भेजे फरिश्ता ना खुद क़ज़ा के लिए।।

चाहे आजिज़ हों कि लाचार हों या बेबस हों।
चाहते कुछ तो हैं रहना यहीं सदा के लिए।।

कोसते हैं कभी किस्मत को कभी अपनों को।
ये नहीं हाथ उठा लें कभी दुआ के लिए।।

ऐसे हालात भी दिखलाती है अक्सर दुनिया।
ज़हर भी पड़ता है पीना कभी दवा के लिए।।

वक़्त के साथ बदलना भी कभी पड़ता है।
अब रहा करते हैं ख़ामोश यूं निबाह के लिए।।

चाहे जितनी भी हो दौलत लगा करती है कम।
रिज़्क़ दो वक़्त का काफी है बस गदा के लिए।।

ऐसे जाते हो, नहीं देखते हो मुड़कर भी।
बस फकत हाथ हिला दो हमे विदा के लिए।।

लौट कर आऐंगे पर इन्तेज़ार मत करना।
बहाना कोई नया ढूंढो अब दग़ा के लिए।।

कर लिया खुद को तबाह देख ले अपनी हालत।
होश में आ ज़रा जैग़म संभल खुदा के लिए।।

ग़ज़ल

जीना जो चाहता था वो इन्सान क्या हुआ।
ता-हश्र ज़िन्दा रहने का अरमान क्या हुआ।।

ता-उम्र जुल्म करके भी मिल जाएगी माफी।
बच जाऐंगे खुदा से ये इमकान क्या हुआ।।

दौलत को खुदा मानकर करता था इबादत।
अब क्या हुआ उस ज़र का वो भगवान क्या हुआ।।

दुनिया मे ही सब कुछ है नहीं लोक कोई और।
तोड़े जहां कानून वो मैदान क्या हुआ।।

महलो मे हुआ करते थे हर ओर दरीचे।
तारीक है अब कृब्र वो आराम क्या हुआ।।

कोई नहीं खुदा है फकत मुझको पूजिए।
जारी जो किया करता था फरमान क्या हुआ।।

कहता था जो कर जुर्म नहीं देखता कोई।
क्यो कृब्र में तन्हा हो वो शैतान क्या हुआ।।

मुफलिस को दी गाली तो रईसों को दी इज़्ज़त।
अब क्या हुआ हासिल तेरा मीज़ान क्या हुआ।।

ज़ैग़म को क़त्ल करके वो समझे कि मर गया।
जन्नत मिली खुदा से तो नुक़सान क्या हुआ।।

ग़ज़ल

दिल में हो बुग़्ज़ तो कर दो बयान अच्छा है।
शौक़ ग़ीबत का ना हो बदज़बान अच्छा है।।

हो हसद दिल में मगर आके बग़लगीर भी हो।
वार सीने पे हो तो मेहरबान अच्छा है।।

हमने अच्छा किया तो वो भी भला सोचेंगे।
और तो कुछ नहीं खुद को गुमान अच्छा है।।

दौलत, शोहरत, हुस्न, इज़्ज़त और हुकूमत।
चार दिन की उम्र को ये ताम-झाम अच्छा है।।

पढ़ के दो चार वरक़ बाप पे तनक़ीद करें।
ऐसे बद बख़्त से तो बेज़बान अच्छा है।।

लाख हों चाहे मुनाह बख़्श दे तौबा से ही।
सजदा-ए-शुक करो मेहरबान अच्छा है।।

ग़लतिया भूल कर बस एक अमल पर बख़्शा।
कितने खुश बख़्त हैं कि क़द्रदान अच्छा है।।

अहले गुरबत हों तो कहते हैं नसब में कम हैं।
हों मर्कीं महल के तो ख़ानदान अच्छा है।।

ज़मीं को करके तबाह अब फलक पे नज़रे हैं।
लूट के घर को कहें आसमान अच्छा है।।

जैग़म को है आराम कहां शीश महल में।
दो गज़ में जो बने है हमें वो मकान अच्छा है।।

ग़ज़ल

है राह आशना नहीं रस्ते अजीब से।
गर मिल गयी मन्ज़िल तो मिलेगी नसीब से।।

हर बार यूं लगता है कि लो मिल गयी मन्ज़िल।
एक दर नया मिलता है जो देखें क़रीब से।।

इमकां नहीं गुमराही का दुश्मन से ही फकत।
भटका दिए जाते हैं कभी खुद हबीब से।।

मरहम ना मिले वक़्त पे बन जाता है नासूर।
कुछ ज़ख़्म छिपाए नहीं जाते तबीब से।।

ला-इल्मी छिपा लेते हैं करके बुलन्द आवाज़।।
जब बात नहीं बनती बहस में अदीब से।।

बा-इल्म भटकता रहे सड़कों पे दर-बदर।
जाहिल महल में राज करे बस नसीब से।।

यारों का माफ करते हैं क़र्ज़ा करोड़ का।
महसूल उनको चाहिए फौरन ग़रीब से।।

चेहरे पर तबस्सुम है मगर आंख क्यों नम है।
आकर कोई क्या लौट गया फिर करीब से।।

ज़ैग़म तुम्हारे प्यार में अब वो असर नहीं।
करते हैं ग़म बयान वो अक्सर रकीब से।।

ग़ज़ल

क्यों भूल ना जाएं उसे मुश्किल तो नहीं है।
ये तो महज़ पड़ाव था मन्ज़िल तो नहीं है।।

रस्ते में तो बारातें मिला करती हैं अक्सर।
हम जिसमे मदु हों ये वो महफिल तो नहीं है।।

छोटा सा है प्यादा वो गला काटा है जिसने।
फरमान था जिसका ये वो क़ातिल तो नहीं है।।

इन्साफ की उम्मीद भला हम करें क्योंकर।
काज़ी भी ज़र-परस्त है आदिल तो नहीं है।।

कुछ मसलेहत ही होगी जो ख़ामोश है अब तक।
वर्ना हमें यक़ीं है वो बुज़दिल तो नहीं है।।

जो ज़ुल्म से मौलूद हों सब तोड़ दो क़ानून
आईन फलक ही से ये नाज़िल तो नहीं है।।

क्या बात है उठता नहीं दस बार भी कह लो।
सब ठीक हैं हवास ये काहिल तो नहीं है।।

ये और बात है कि वो मन्सूब हैं हम से।
लेकिन हमे मज़ीद वो हासिल तो नहीं है।।

करने को रूजू कर लें उसी बेवफा से फिर।
ज़ैग़म मगर ये सच है कि अब दिल तो नहीं है।।

ग़ज़ल

उनको ज़मीं ही चाहिए पर आसमाँ नहीं।
माशूक उनको चाहिए वो मेहरबां नहीं।।

कहते हैं कि यकीं नहीं दे दो यहीं महल।
आराम यहीं चाहिए मर कर मकां नहीं।।

हमको तो है पसन्द तरन्नुम भी साज़ भी।
मिम्बर से मौलवी का वो झूठा बयां नहीं।।

तुम सच को झूठ बोल दो हक़ बात को नाहक़।
मोहलत है जब तलक तो ये क़ासिर ज़बां नहीं।।

हर शय को है ज़वाल हर एक चीज़ है फनी।
जो खुद को खुदा कहते थे बाक़ी निशा नहीं।।

करते हो जुर्म सोच के शाहिद नहीं कोई।
मौजूद हर जगह है खुदा है कहां नहीं।।

तुझको यकीं नहीं है तो खुद मर के देख ले।
ईमां ही साथ जाएगा तेरा गुमां नहीं।।

क़ीमत नहीं है सिन की अमल ही मेयार है।
मीज़ान मे भारी कोई पीर-ओ-जवां नहीं।।

दीवार बन चुकी है ना देखें ना सुनेंगे।
ज़ैग़म है कोई कारगर इन पर बयां नहीं।।

पढ़ ले मेरा नसीब वो माहिर कोई मिले।
इल्मे नजूम हो जिसे आख़िर कोई मिले।।

अब तक तो जो भी बात कहीं सब हुई ग़लत।
ढोंगी मिले हमे तो या क़ासिर कोई मिले।।

हासिल हमें भी होगा सुक़ूं दे कोई ख़बर।
मन्ज़िल की इत्तेला जो दे आख़िर कोई मिले।।

जिसको हो इन्तेज़ार हमारा इसी तरह।
पलकें बिछाए राह पे हाज़िर कोई मिले।।

इस शहरे नागवार में भटके हैं दर-बदर।
यावर कोई मिले है ना नासिर कोई मिले।।

पहुंचे जो मयक़दे में थे मौजूद शेख़ जी।
रिन्दों से था मक़सूद कि काफिर कोई मिले।।

वो पैराहन बदन पे कि ज़ाहिर हों पारसा।
तफ़तीश गर करें तो ना ताहिर कोई मिले।।

हाकिम हमें नसीब कहां अद्ल जो करे।
ज़ालिम कोई मिले कभी जाबिर कोई मिले।।

   ज़ैग़म जो मुड़ के देखा किसी ग़मगुसार को।
   अव्वल कोई मिले ना ही आख़िर कोई मिले।।

ग़ज़ल

अच्छी नही ये बात ना इनकार कीजिए।
अब होता नही सब्र हमें प्यार कीजिए।।

अब छोड़ भी दो कुछ नहीं रक्खा है हया है।
कुछ हम पे करम अब मेरे सरकार कीजिए।।

माना ये हुस्न वालों की मख़सूस अदा है।
पर अब ये सितम आप ना हर बार कीजिए।।

है वक़्त गिले शिकवे मिटाने का सोच लो।
अब मान भी जाओ ना यूं तकरार कीजिए।।

जो कछ भी इख़्तिलाफ है आपस में मिटा लें।
ना इनका ज़िक्र यूं सरे बाज़ार कीजिए।।

अरमान तुम्हारे हैं सभी नींद मे अब तक।
अब दिल को कुछ झिंझोड़िए बेदार कीजिए।।

कुछ हम करीब आने की अब जुस्तजू करें।
कुछ आप राह वस्ल की हमवार कीजिए।।

घबरा गए अभी से अभी इब्तेदा ही है।
खुद को ज़रा सम्भालिए तैयार कीजिए।।

ज़ैग़म को है इस बार बहुत आप से उम्मीद।
फिर हसरतों को उसकी ना मिस्मार कीजिए।।

ग़ज़ल

कुछ आदमी की झूठ है फ़ितरत हुआ करे।
हक़ जानते हैं फिर भी ना नीयत हुआ करे।।

हैं ऐसे भी इन्सान की झूठे नहीं मगर।
सच बोलने की उनमें ना जुरत हुआ करे।।

वो झूठ को सच बोलके पा लेते हैं ओहदा।
ईमां की हमसे यूं ना तिजारत हुआ करें।।

हमने सरे बाज़ार की हक़ की ही पैरवी।
ज़ालिम को हमसे यूं भी अदावत हुआ करे।

कुछ सच को सच बताने में हो जाते हैं शहीद।
बुज़दिल की नज़र में ये हिमाकत हुआ करे।।

ज़र क्या ज़कात कर दिया मुस्तहक़ीन को।
गर हक़ पे जान दो तो सख़ावत हुआ करे।

किरदार पे थी मुन्हसिर वो और दौर था।
अब तो लिबास देख के इज़्ज़त हुआ करे।।

नफरत सुकून देती है जिनको वे खुश रहें।
अपने दिलों में सिर्फ मुहब्बत हुआ करे।।

ये दुनिया है फानी यहीं रह जाएगा सब कुछ।
महशर मे बस अमल की ही क़ीमत हुआ करे।।

ज़ैग़म का ही नसीब था भटका वो दर-बदर।
कुछ लाडलों के बस की ना हिजरत हुआ करे।।

ग़ज़ल

हमने हर हाल में बस दर्द हुपाया ही है।
यूँ किया कम नहीं बस ग़म को बढ़ाया ही है।

जख़्म कितने भी दिए आई ना चहरे पे शिकन।
इस तरह कर्ज़ ये अपनों का चुकाया ही है।।

ये वो मख़्सूस सिफत है जो नहीं सबको नसीब।
सब्र हालात ने बस हमको सिखाया ही है।।

हमने हर वक़्त ही तक्सीम की सबको खुशियां।
जब मुझे काम पड़ा सबने रूलाया ही है।।

वो तो अब छोड़ गए आएंगे वापस ना कभी।
हमको जो उनसे थी उम्मीद वो ज़ाया ही है।।

हम तो थे ख़्वाब में राह वस्ल की हमवार हुई।
नींद से हमको अभी तुमने जगाया ही है।।

वक़्त तो लेगा मगर प्यार ही का फ़ल देगा।
ये मौहब्बत का अभी पेड़ लगाया ही है।।

जुस्तजू खूब करी कोई जतन ना छोड़ा।
बढ़ तो कुछ भी ना सका सिर्फ घटाया ही है।।

ज़ैग़म जो हमने उनसे किया हाल-ए-दिल बयां।
बन के नादान हमे सिर्फ सताया ही है।।

ग़ज़ल

हमने यूँ राह खुल्द की हमवार करी है।
ज़ालिम की मज़म्मत सरे बाज़ार करी है।।

आंच आई जब भी अपने उसूलों पे या हक़ पे।
ज़ालिम के रूबरू हुए तक़रार करी है।।

ऐसा नहीं कि तैश में आकर ये कह गए।
जुर्रत मुक़ाबले की ये हर बार करी है।।

तामीर हो रही थी इमारत फरेब की।
लोगों को सच बता के वो मिस्मार करी है।।

फैलाने को नफरत जो करीं उसने साज़िशें।
पैग़ामे मौहब्बत से वो बेकार करी हैं।।

मन्जूर हमको सर ये कटाना हुआ मगर।
ज़ालिम के हवाले ना ये दस्तार करी है।।

बरसों से सो रही थी यूँ ही कौम अब तलक।
अपना गला कटा के वो बेदार करी है।।

मूरत जो लगी थी यहां उस बानी-ए-शर की।
उसके ही हामियों ने वो संगसार करी है।

ज़ैग़म को क़त्ल करके यूं होना ना शाद तू।
खुद इन्क़लाब की ज़मी तैयार करी है।।

ग़ज़ल

यारों से भी मिलने की तो फुरसत नहीं है अब।
मसरूफ तो इतने नहीं पर लत नहीं है अब।।

एक दौर वो भी था कि सड़क नापते थे हम।
फिरने की बेवजह ही वो आदत नहीं है अब।।

नाकामियों ने वक़्त की क्या कुछ सिखा दिया।
बर्बाद फिर से होने की कूवत नहीं है अब।।

हमसे तो दोस्त छुट गए मजबूरियों में ही।
उनको भी कुछ हमारी ज़रूरत नहीं है अब।।

अरसे से कुछ ख़बर ना ली उनकी हमी ने ख़ुद।
उनकी नज़र मे भी मेरी इज़्ज़त नहीं है अब।।

छोड़ा था ये शहर कभी रोज़ी के वास्ते।
ज़र की मज़ीद हमको तो चाहत नहीं है अब।।

ज़ालिम जो सताए तो करो डटके सामना।
हर जुल्म का जवाब तो हिजरत नहीं है अब।।

पहलू में आके बैठो करो इश्क़ का इज़हार।
है शब ये वस्ल की कोई दिक़्क़त नहीं है अब।।

ऐ दोस्तो जो हो सके तो बख़्श दो मुझे।
ज़ैग़म में दूर रहने की ताक़त नहीं है अब।।

ग़ज़ल

इस दौरे नागवार मे जीना मुहाल है।
हर कोई गर्दिशों में है सबका ये हाल है।।

मसायल हैं सब क़दीम नया कुछ भी नहीं है।
कुछ ज़र की जुस्तजू, कोई चाहे विसाल है।।

दमड़ी नहीं हो जेब में दिल में सुकून हो।
ऐसा कोई जो हो तो ये कार-ए-कमाल है।।

कुछ फूल खिला करते हैं कीचड़ ही में फक़त।
कितने ही कम नसब हो मगर क्या जमाल है।।

तूफां में हमको छोड़ वो साहिल पे जा लगे।
आंखें भले ही कह दें ना लब पर सवाल है।।

बद-दुआ ले के ज़माने की वो पहुंचा है अर्श पे।
आएगी कजा उसको भी सबका ज़वाल है।

रहना सदा ही है जहां उसकी नहीं है फ़िक्र।
इस चार दिन के खेल का इतना ख़्याल है।।

हाकिम है ग़ज़बनाक खुदा की पनाह हो।
इल्ज़ाम हम पे ये है कि पूछा सवाल है।।

ज़ैग़म ज़मीर बेच दे इतनी सी बात है।
हर जुर्म माफ शाह ही खुद तेरी ढाल है।।

ग़ज़ल

हर बार अपने ज़ख़्म को ऐसे सिया गया।
फिर एक नए कांटे का सहारा लिया गया।।

मालूम था कि मौत का बायस बनेगा ये।
इस पर भी ज़हर ऐतबार का पिया गया।।

मुश्ताक़ और भी थे हमारे विसाल के।
पर इन्तज़ार सिर्फ तेरा ही किया गया।

कुछ ने बसर की ज़िन्दगी आसाईशों में ही।
तंगी तो कभी ग़म में ही हमसे जिया गया।।

मैं गामज़न था राह पे मन्ज़िल की ही जानिब।
खुद अपने हमसफर से ही भटका दिया गया।।

हमको सुरूर हो गया बस दो ही जाम मे।
इसरार पे साक़ी के थोड़ा और पिया गया।।

मक़तूल ज़रूरी नहीं बस बेगुनाह हो।
मज़लूम का क़िसास ये शायद लिया गया।।

हर शख़्स की हयात का जुज़ है यही ज़ैग़म।
धोख़ा दिया किसी ने किसी को दिया गया।।

ग़ज़ल

बिक रहा कौड़ी मे ईमां यहां बाजारो मे।
बोलियां लग रहीं खुल कर सभी सरकारो में।।

किसको कितने मिले और कौन कहा पर टूटा।
होड़ बिकने की है सब कौम मे सरदारो में।।

लानत के मुस्तहिक़ हैं मगर ऐश कर रहे।
हम ही भरते हैं हवा खोखले गुब्बारो मे।।

लो कर ही ली तामीर इमारत ये झूठ की।
ज़रा भी ख़ौफ़े खुदा है नहीं मेमारों में।।

कितनी बेशर्मी से जम्हूरियत का ख़ून किया।
भेड़िए गिन रहे उस शख़्स को फनकारो में।।

हरकतें उसकी हैं सब पस्ती-ए-इन्सां की मज़हर।
बन के वो छप रहा हीरो यहां अख़्बारो में।।

हाकिम को मयस्सर नहीं अब तक सुकूने दिल।
करने ओहदे भी तो तकसीम हैं ग़द्दारो में।।

जैग़म फकत खुदा पे तवक्कुल किया करो।
बिक चुके कब के, अब ईमां नहीं ग़मख्वारो में।।

ग़ज़ल

अरसे के बाद आज मैं फिर उसके घर गया।
दिल तो नहीं था जाने का फिर भी मगर गया।।

मुझको ही आरज़ू थी कि जाकर तो देख लूं।।
उसने ख़बर ना ली कि मैं ज़िन्दा हूं मर गया।।

इमकां थे मुझको देख के मुंह फेर लेंगे वो।
हालात उनके देख के खुद मैं ही डर गया।।

तब शादमान थे मुझे तन्हा वो छोड़ कर।
परेशां हैं अब गुरूर भी जाने किधर गया।।

हमको हक़ीर जान के छोड़ा था साथ कल।
कहते हैं साथ दो मेरा अब इश्क़े-ज़र गया।।

दौलत के वास्ते तुम्हे छोड़ा था सच है ये।
पर अब नहीं है चाह मेरा दिल भी भर गया।।

बोले कि तुमको छोड़ के ईज़ा हुई बहुत।
क्या इल्म तुम्हे हम पे तो क्या क्या गुज़र गया।।

क्या फिर यक़ीं करें हैं इसी कशमकश में हम।
इस बार ना बचेंगे पिया गर ज़हर गया।।

ज़ैग़म वो गुल है तोड़ लिया जिसको शाख़ से।
ना बू है ना चमक है यूं समझो कि मर गया।।

ग़ज़ल

दरिया भले ही हो हमें सहरा दिखाई दे।
सबको है मयस्सर हमें पहरा दिखाई दे।।

बढ़ जाती है तड़प कभी मन्ज़िल की इस क़दर।
फिर धूप मे पत्थर भी सुनहरा दिखाई दे।।

लब खोलता है बस किसी हाजत के सबब ही।
क्या बात है ये शख़्स तो गहरा दिखाई दे।।

तूफान है सीने में लब पर सुकूत है।
मानिन्द समन्दर के ठहरा दिखाई दे।।

मुल्ज़िम को वजह ही नहीं मालूम है क़त्ल की।
क़ातिल है कोई और ये मोहरा दिखाई दे।।

फरयाद भी सुनता नहीं मज़लूम की कोई।
कानून है लाचार या बहरा दिखाई दे।।

क़ाज़ी ने पाके ज़र बरी क़ातिल तो कर दिया।
मक़तूल का हर सू उसे चेहरा दिखाई दे।।

बाहर शरीफ ज़ादे हैं घर में हैं ग़ज़बनाक।
किरदार भी इन्सान का दोहरा दिखाई दे।।

किस वक़्त धूप निकलेगी इन्साफ-ओ-अमन की।
हर सिम्त तो ज़ैग़म अभी कोहरा दिखाई दे।।

गज़ल

नाराज़ हमसे क्यों है क्यों है भला अदावत।
शायद नहीं पसन्द उन्हे मेरी सदाकत।।

सर्दियों से है रविश ये, नया कुछ भी नहीं है।
दुश्मन ही समझती है सादिक़ को हुक़ूमत।।

झूठे को कहें सच्चा, अच्छा कहें बुरे को।
ये है महज़ दलाली हरगिज़ नहीं सहाफत।।

लोगों ज़रा जागो अब नफरत से बाज़ आओ।
छोड़ेगी नहीं वर्ना ये संगदिल सियासत।।

शिकवे सभी भुला कर मिलकर रहो सभी अब।
नफरत मज़ा ना देगी बेहतर है बस मौहब्बत।।

सब एक साथ मिलकर ज़ालिम के हों मुक़ाबिल।
अब इन्क़बाल लाओ बस हो गई शराफत।।

नाकाम करो साज़िश, सियासी भेड़ियों की।
एक दूसरे की हिन्दु-मुस्लिम करें हिफाज़त।।

बेकस को मार के नहीं बनते है सूरमा।
गर्दन कटा दें हक़ पे होती है ये शुजाअत।।

ज़ैग़म कुछ ऐसा कर कि ख़त्म हों ये नफरतें।
हो अम्न हर शहर में बिखरी हो बस मौहब्बत।।

गज़ल

उसने कहा क्या प्यार तुम्हे हमसे अब भी है।
नज़रे झुका के हमने बस इनकार कर दिया।।

अब तक हरा है ज़ख़्म क्यों बतलाएं हम उन्हे।
हम क्यों कहें कि तुमने ही लाचार कर दिया।।

रहना है अकेले ही समझ खूब आ गया।
पास आके तन्हा क्यों मेरे सरकार कर दिया।।

वो फूल थे हवा से भी लगता था जिसको डर।
नफरत की धूप ने हमें अब ख़ार कर दिया।

हमने तो जफा उसकी रखी राज़ अब तलक।।
रूसवा हमें उसने सरे बाज़ार कर दिया।।

इतना सा जुर्म था कि यकी उसका कर लिया।
उसने हमारी ज़ात को अख़बार कर दिया।।

देने को फिर फरेब मुंह लटका के आए हैं।
किस्सा लो एक फिर नया तैय्यार कर दिया।।

चाहत जता लो कितनी ही होगा यक़ीं ना अब।
अबके ना होगा जुर्म जो हर बार कर दिया।।

मोहतात हैं इस बार ना होगा गुनाह फिर।
ज़ैग़म ने ख़ुद को प्यार से बेज़ार कर दिया।।

ग़ज़ल

हमारा उनको ज़रा भी ख़्याल है ही नहीं।
ये कैसी ज़िद है कि जिसका ज़वाल है ही नहीं।।

हमारा हाल ही गर पूछ लें वो बस आकर।
हम गिला फिर भी करें ये मजाल है ही नहीं।।

है बस बहाना किसी तरह वो चले आएं।
कहा है उनको तो वो भी जो हाल है ही नहीं।।

बस एक बार वो आएं सुकूं मयस्सर हो।
ना कोई शिकवा, गिला और सवाल है ही नहीं।।

गर वो आएं तो फकत उनका ये करम होगा।
मेरे वजूद का इसमें कमाल है ही नहीं।।

मेरी दीवानगी यूं ही नहीं है उनके लिए।
जो उनका है वो कहीं भी जमाल है ही नहीं।।

बस एक हुस्न ही काफी नहीं है चाहत को।
अदाएं वो भी है जिनकी मिसाल है ही नहीं।।

कभी हमारी तरह ही उन्हे भी उलफत थी।
कहां हैं कैसे हैं हम अब ख़्याल है ही नहीं।।

हज़ार कोशिशें कर ली मगर ना वो आए।
तेरे नसीब में ज़ैग़म विसाल है ही नहीं।।

ग़ज़ल

ये शहर कुछ अजीब है कैसा दयार है।
यावर ना कोई है ना कोई ग़ममुसार है।।

ग़मगीन है हर शख़्स ना आराम घरो में।
जिस सिम्त नज़र जाए तो दिखता मज़ार है।।

हमको भी क्या पड़ी थी जो हिजरत की सोचते।
परदेस मे रहने का सबब रोज़गार हे।।

हमको तो गली-कूचे चमन सब लगे उजाड़।
पर लोग कह रहे हैं शहर खुशगवार है।।

हालात तो लगते नहीं घर वापसी के अब।
बस अब तो किसी मोजज़े का इन्तेज़ार है।।

अरसे से है उम्मीद खुलें दिल के दरीचे।
शायद मेरे नसीब में अब भी बहार है।।

मन्सूबे बना लेते हैं बरसों के वास्ते।
हंसती है मौत सोच के अगला शिकार है।।

है अब भी वक़्त फ़िक्र करो नेक अमल की।
मौत-ओ-हयात पर ना हमें अख़्तियार है।।

ज़ैग़म की जुस्तजू है वतन वापसी करे।
बद क़िस्मती पे अपनी मगर ऐतबार है।।

ग़ज़ल

याद आएं वो अगर अनको बताएं कैसे।
दिल में मौजूद शरर है जो दिखाएं कैसे।।

ये अलग बात कि चेहरे से अयां हो कि ना हो।
हैं वही दिल में यकी उनको दिलाएं कैसे।।

इस कदर रूठे हैं कि देखते मुड़कर भी नहीं।
कशमकश मे हैं कि अब उनको मनाएं कैसे।।

कह गए है कि ना अब लौट के आएंगे कभी।
कोई बतलाए कि दें उनको सदाएं कैसे।।

वो नहीं देखते कितनी भी खुशामद कर लो।
ग़मे जानां कि ये रूदाद सुनाएं कैसे।।

कितनी आसानी से कह देते हैं सब ख़त्म हुआ।
साथ जो लम्हे गुज़ारे हैं भुलाएं कैसे।।

हर घड़ी वो भी पसोपेश मे रहते होंगें।
कल तो अब बीत गया आज सताएं कैसे।।

आज़माया ना करो रोज़ हमे खो दोगे।
फलसफा इश्क का ये उनको सिखाएं कैसे।।

जैग़म हुआ ना कर तू परेशान इस कदर।
यूँ ना रूठे तो अदा अपनी दिखाएं कैसे।।

ग़ज़ल

गड़बड़ ज़रूर है अजी कुछ तो है झमेला।
मुँह पर हवाईयाँ हैं क्यो कुछ तो हुआ खेला।।

कल तक जो फिरा करता था लेकर हुजूम को।
अब पूछता नहीं कोई फिरता है अकेला।।

लगता है उसका दाव कोई उल्टा पड़ गया।
पहना गया टोपी उसे खुद उसका ही चेला।।

उसको ना थी उम्मीद कि हो जाएगा यूं भी।
अपनों की दग़ा से ही है ये रायता फैला।।

कल तक तू मजे लेता था अब दूसरा लेगा।
चलता रहेगा बस यूं ही इस दूनियां का मेला।

दौलत की कशिश से ही मचलती थीं तितलियां।
अब ढूंढता शीरी को कभी खोजे है लैला।

है ये भी ग़नीमत कि वो अब तक है सलामत।
पब्लिक को पता लगते ही हो जाएगा खेला।

छोड़ा नहीं किसी को सभी को सताया है।
पत्थर कोई मारेगा कोई फेकेगा ढेला।

ज़ैग़म ये वक़्त है नहीं रहता है एक सा।
उजला कभी रहता है तो होता कभी मैला।।

ग़ज़ल

हर वक़्त है अब फिक्र मे ये हाल हमारा।
जिस सिम्त नज़र जाए ना दिखता है सहारा।

मझधार में है कब से सफीना-ए-ज़ीस्त ये।
जद्दो जहद में हैं कहीं मिल जाए किनारा।

एक वक़्त वो भी था कि मनव्वर था नूर से।
अब छुप गया लो अब्र में रोशन वो सितारा।।

बस्ती में अकरबा की मिले जब भी हमको ज़ख़्म।
उनसे ही खाए घाव और उनको ही पुकारा।।

अब टूट गया हौसला अपनो की दगा से।
वर्ना ना कोई मारका हमने कभी हारा।।

हिजरत का वक़्त आन चुका इस शहर से अब।
अपनों की बेरूख़ी तो है चलने का इशारा।।

मजबूरियां ही बनती हैं हिजरत का सबब बस।
अपना तो वतन होता है हर शख़्स को प्यारा।

आओगे अगर याद ग़ज़ल कर देंगे तहरीर।
पर लब पे नहीं आएगा अब नाम तुम्हारा।।

मिट्टी को जो छूते थे तो बन जाती थी सोना।
क्या शान से वो दौर भी ज़ैग़म ने गुज़ारा।।

गज़ल

जो हाल दिल का है, उनको ये सुनाएं कि नहीं ।।
प्यार उनसे है हमें उनको जताएं कि नहीं ।।

वो अगर रूठ गए मिलना भी मुश्किल होगा ।
ख़ौफ है इसका अभी बात बढ़ाएं कि नहीं ।।

ये भी डर है कहीं वक़्त निकल ना जाए ।
कशमकश मे हैं कि अब प्यार छिपाएं कि नहीं ।।

वो तो बढ़ते हैं किसी और ही मन्ज़िल की तरफ ।
क्या करें रोक लें दें उनको सदाएं कि नहीं ।।

वो जिधर जाते हैं ना उनको मिलेगी उल्फत ।।
हमको मालूम है ये उनको बताएं कि नहीं ।।

पैमां तो किया करते हैं पूरा नहीं करते ।
इस ज़माने का चलन उनको सिखाए कि नहीं ।।

अब नही लगता कि वो लौट के आएंगे कभी ।
राह में उनके यूँ अब पलके बिछाएं कि नहीं

ज़ैग़म नहीं इमकान अगर वापसी का अब ।
दिल को अब और कहीं हम भी लगाएं कि नहीं ।।

ग़ज़ल

हल्की सी रोशनी है मगर है सहर नहीं।
तारीकी-ए-ज़िन्दां में तो होगी बसर नहीं।।

इकदाम तो करने ही पड़ेगें रिहाई को।
ये गोशा-ए-अजल है हमारा ये घर नहीं।।

ये उम्र बीत जाएगी कोने में कफस के।
अब इन्कुलाब के लिए निकले अगर नहीं।।

क्यो डर रहे हो अपना ही हक़ मांगने मे तुम।
किस बात के हो मर्द है बिल्कुल जिगर नही।।

अब बुजदिली का दौर गया तोड़ दो ज़न्जीर।
इस नफ्से नातवां में क्या बाक़ी शरर नहीं।।

जो मर गए तो होंगें शहीदों मे तुम शुमार।
फतह हुई तो ज़िन्दां के दीवारों-दर नहीं।।

इसे कोशिशे रिहाई में जितने हुए शहीद।
कौसर का जाम पाएंगे मय का ज़हर नहीं।।

ये चलती हुई लाश हैं बेकार है कहना।
जैग़म तेरे समझाने का होगा असर नहीं।।

ग़ज़ल

चलो महफिल मे कही रंग जमाया जाए।
साहिबे ज़ौक़ को दीवान सुनाया जाए।।

गर तन्ज़ करें अहले नज़र जेरो ज़बर पर।
फिर से नाकिस सा कोई शेर सुनाया जाए।।

महफिल मे है कुछ लोगों के चेहरे पे उदासी।
क्यों ना कुछ नूर लतीफों से बढ़ाया जाए।।

कर दो उन्हे बयान जो दिल मे है आरजू।
होश इतना रहे बस तीर ना जाया जाए।।

ख़ामोश लब रखो तो बयाँ करती हैं आँखें।
इश्क़ की आग को किस तरह छिपाया जाए।।

वो तो बेकस है मगर रब नही जाने देगा।
किसी लाचार को हरगिज़ ना सताया जाए।।

घर से मस्जिद है अगर दूर बहाना कैसा।
घर ही में क्यों ना मुसल्ले को बिछाया जाए।।

मोम का दौर नहीं होना पड़ेगा फौलाद।
रोते बच्चे को ज़रा और रूलाया जाए।।

दुश्मन फिराक़ मे है कि नस्ले कृता करे।
कैसे इस कौम को ग़फलत से जगाया जाए।।

ज़ैगम गज़ल सराई का तुझको नही शऊर।
फर्ज़ ये कह के बुजुर्गी का निभाया जाए।।

ग़ज़ल

लो आ गया है बदलने का मौसम।
सभी तोड़ कर क़समे चलने का मौसम।।

मिलेंगी बहारें हसीं ख़्वाब होगें।
वही फिर से शबनम से जलने का मौसम।।

है ठण्डी हवा और घटा छा रही है।
नही होश है बस मचलने का मौसम।।

मचलता है दिल अब फक़त सोच कर ही।
है मौजों के दिल में उछलने का मौसम।।

लगा लो गले से भुला कर के शिकवे।
जमी बर्फ दिल की पिघलने का मौसम।।

थी हमसे जो नफरत भुला दो उसे अब।
मौहब्बत के सांचें में ढलने का मौसम।।

अभी वक़्त है जो बचा लोगे खुद को।
नही फिर मिलेगा सम्भलने का मौसम।।

किया हाले दिल ना बयां तुमने जैग़म।
बचेगा फक़त हाथ मलने का मौसम।।

ग़ज़ल

कभी कसमे कभी वादे कभी पैमान किया करते हैं।
दिन बदलते ही अहद सारे ये कुर्बान किया करते हैं।।

किसी की उम्र बीत जाती है वादो के भरम पे।
तोड़ कर कसमे नया अहद कुछ इन्सान किया करते हैं।

इन्सां तो रखा करते हैं महबूब फकत एक।
रोज़ माशूक़ यू तब्दील तो शैतान किया करते हैं।।

करते थे आंख नम कभी फुरक़त के ज़िक्र पर।
अब वो मिलते हैं तो एहसान किया करते हैं।।

कमी एक पल ना बिना देखे करार आता था।
अब ना हो सामना तुझसे यही इक़दाम किया करते हैं।।

दर्द कितना भी हो होठों पे हसी रखते हैं।
इस तरह फितरते इन्साँ को भी हैरान किया करते हैं।।

पोंछ लेते हैं किसी अश्क फिशां के आसू।
खुल्द की राह यूं आसान किया करते हैं।।

है नहीं पास वफा का उन्हें तो जाने दो।
हमको क्या खुद का ही नुक़सान किया करते है।

साथ रखते हैं तेरे ख़त तेरे तोहफें कभी तस्वीर तेरी।
ज़ख़्म ताज़ा रहे जिससे वो हर एक काम किया करते हैं।

ज़ैग़म को कोई चाह ना हसरत है ना उम्मीद कोई।
ख़त्म किस्सा हुआ अब काम किया करते हैं।

ग़ज़ल

बस चल रहा हूँ राह पे मन्ज़िल पता नहीं।
पतवार हाथ मे है तो साहिल पता नही।।

क्या काम ना किया, नहीं छोड़ा कोई जतन।
अब भी हैं महवे जुस्तजू हासिल पता नहीं।।

खंजर पे नाम भी है मौजूद नक़्शे पां भी।
मुन्सिफ ये कह रहा है कि क़ातिल पता नहीं।।

हैं शेर नातवां पे, तवनगर से ख़ौफ है।
समझें इन्हे दिलेर या बुज़दिल पता नही।।

तहफ्फ़ुज़ भी कर रहे हैं दावा सज़ा का भी।
मुन्सिफ़ हैं या हैं जुर्म मे शामिल पता नहीं।।

हर शख़्स महवे गुफ्तगू चेहरे पे हसीं भी।
मुफलिस का जनाज़ा है या महफिल पता नहीं।।

हरकत बता रही हैं है कौड़ी का आदमी।
डिग्री तो कह रही हैं है क़ाबिल पता नही।।

है इल्म से मक़्सूद हुनर क़त्ले आम का।
पत्थर है उसके पास या है दिल पता नहीं।।

है जुर्म एहतेजाज का तोड़ा सज़ा मे घर।
क्यों चुप हैं सब अदालतें मुश्किल पता नहीं।।

ज़ैग़म जो गुनाहगार है मुन्सिफ भी वही है।
सब बाख़बर हैं बस तुझे जाहिल पता नहीं।।

ग़ज़ल

परेशां जुल्म के इस दौर में इन्सां बहुत है।
है ज़द पे जान भी बेशक मगर ईमां बहुत है।।

बचाएं जान को इज़्ज़त को या ईमां रखें महफ़ूज़।
है कश्ती दूर साहिल से अभी तूफां बहुत हैं।।

हमारा जुर्म इतना था कि बस हक़ बात बोली थी।
कि लो अब कैद हैं हम भी कफस आसां बहुत है।।

आयी हैं फौज बचाने को हैं इस ग़फलत में।
यहाँ हाकिम ही कातिल है कि वो नादां बहुत है।।

मुसलसल जुल्म करके भी है क्यों आबाद ये ज़ालिम।
कोई कहता था कि मज़लूम का गिरिया बहुत है।

रहे महरूम हर शय से ना देखे रंग दुनिया के।
तबस्सुम फिर भी होठों पर ये ग़म हैरां बहुत है।।

नहीं अब वस्ल की उम्मीद ना हसरत मौहब्बत की।
तुम्हे दरिया मुबारक हो हमें सहरा बहुत है।

थक गया जै़ग़म सफर मे बख़्श दे उसको खुदा।
मिले अब क़ब्र मे आराम वो तन्हा बहुत है।।

ग़ज़ल

हम रहने वाले सहरा के दरिया की रवानी क्या जाने।
देखी है खुश्क ज़मी अब तक हम बहता पानी क्या जाने।।

जब आँख खुली तो सरवत मे जो चाहा हर वो चीज मिली।
उसको ग़म से क्या लेना है वो अश्क़-फिशानी क्या जाने।।

महरूमी किसको कहते हैं और क्या होती है मायूसी।
जिसे बिन माँगे हर चीज़ मिले वो आँख का पानी क्या जाने।।

वो हश्र हुआ है ख़्वाहिश का अन्जामे तमन्ना भी देखा।
इस पर भी महवे हसरत है ये अक़्ल दीवानी क्या जाने।।

कहता है कोई कि गुमसुम है बीमार कोई बतलाता है।
है रोग ये इश्क़ मौहब्बत का वो राम कहानी क्या जाने।।

क्या इश्क़ है क्या है नादानी क्या शबनम क्या शीरीन ज़हर।
क्या अपनाएँ क्या तर्क करें ये दौरे जवानी क्या जाने।।

जो जी मे आया बोल दिया फिर शीरीं हो या तल्ख़ लगे।
हैं दोस्त ये सारे बचपन के ये बात बनानी क्या जानें।।

ज़ैग़म जो तुम पर हसते हैं अल्लाह उन्हे आबाद रखे।
हैं दर्द से वो अन्जान सभी वो चोट पुरानी क्या जाने।।

ग़ज़ल

उस बेवफा का यूँ तो तसव्वुर गुनाह है।
अरसे के बाद आज क्यों फिर उसकी चाह है।।

क्यों हाल पूछते हो तुम अब इस गरीब का।
मकसूद ख़ैरियत है या तन्जो-मज़ाह है।।

गुलशन समझ के आज जिसे शाद तुम भी हो।
ठहरो सम्भालो खुद को वो सहरा की राह है।।

कितने ही सफीने जो भंवर में हुए तबाह।
कहने को ला-ज़वाल थे दरिया गवाह है।।

है वक़्त अब भी होश में आओ नज़र करो।
इस राहे पुर-शबाब की मन्ज़िल सियाह है।।

जब तक नज़र है साक़ी की तब तक सुरूर है।
आदाबे मयकशी का ये अव्वल सफाह है।।

हो आज तुम उरूज पे लेकिन खबर रहे।
रूकता वही है जिसकी ज़मी पर निगाह है।।

दुनियां में जो आये हो करो ग़ौर-औ-फिक्र तुम।
किस बात में कसारा है किसमे फलाह है।।

ज़ैग़म ना कर नसीहते ये सब फुजूल हैं।
लब्बो लुबाब ये है कि होना तबाह है।।

ग़ज़ल

पैकर-ए-रहमो-करम   मिस्ल-ए-ख़ुदा होती है।
एक आंसू पे ही दे बख़्श वो मां होती है।।

मां वो साया है जो महफ़ूज़ बलाओं से रखे।
दस्ते शफक़त मे हर एक ग़म की दवा होती है।।

जिनको हासिल है नहीं क़द्र उन्हे नेमत की।
मां नहीं जिनकी उन्हे पूछिए क्या होती है।।

औलाद ना-अहल हो, ना ख़िदमत करे ना क़द्र।
मां के हर हाल में बस लब पे दुआ होती है।।

नज़ीर मिलती नहीं मां की ज़ात की कोई।
मर्ग के वक़्त भी बच्चों में ही जां होती है।।

कुछ दिल के मर्ज़ ऐसे हैं जिनका नहीं इलाज।
मां की आग़ोश ही बस उनकी शिफा होती है।।

मां की हस्ती को ही हासिल है ये ऐजाज़ फक़त।
इस के कृदमों से ही जन्नत भी अता होती है।।

है नहीं बाप की शफकत से भी इनकार मगर।
जो मौहब्बत करे बेलौस वो मां होती है।।

ज़ैग़म वो खुशनसीब हैं मां जिनकी है हयात।
मां की बरकत ही से हर दूर बला होती है।।

ग़ज़ल

कहीं लगता नहीं दिल उसकी आदत हो गई है
मुझे लगता है कि शायद मौहब्बत हो गई है

करूं मैं काम अपना या तेरी राह देखूं
मौहब्बत क्या हुई है मुसीबत हो गई है

हम अपने में ही खुश थे बहुत क़ाबू था ख़ुद पर
तेरी आमद से ख़ुद मुझमें बग़ावत हो गई है

सुकूं ख़लवत में मिलता है ख़ुद ही से बात करता हूँ
ये दिल अच्छा लगाया था क्या हालत हो गई है

नहीं जज़्बात बिकते हैसियत तौलते हैं
मौहब्बत की बहुत ज़्यादा ही क़ीमत हो गई है

है जो मक्कार जितना वो उतना मोहतरम है
बड़ी रुसवा ज़माने में शराफत हो गई है

था कुछ कम वज़्न मीज़ान-ए-अब्दियत में
लिया है माँ का बोसा इबादत हो गई है

फलां को मर्ज़ था ये ही बेचारा बच नहीं पाया

ये कहके चल दीं मोहतरमा अयादत हो गई है

मेरी क़िस्मत है तन्हाई मुक़द्दर है सफर मेरा

मुझे जैग़म अज़ीयत की बशारत हो गई है

गज़ल

फख़ है मर्ग पे और अपनी फना पर खुश है
वो दिया जिस को हवा आज बुझा कर खुश है

देखना ख़ून मेरा इंकलाब लाएगा
मौत के वक़्त ये क़ातिल को बता कर खुश है

एक हम हैं जो लरज़ जाते हैं आंसू से ही
और वो हर तरह इन्सां को सता कर खुश है

कितने ज़ालिम हुए दुनिया में क्या अन्जाम हुआ
इसको परवाह नहीं तारीख़ भुला कर खुश है

उसके हामी भी नहीं जानते वो चीज़ है क्या
वो हंसी ख़्वाब इन्हें दिन में दिखा कर खुश है

किसी का खेल है वादों को तोड़ना हर दम
कोई ज़बां के लिए घर को लुटा कर खुश है

कोई अफसुर्दा है हर वक़्त की कुरबत से मेरी
कोई दो पल को मुझे साथ में पाकर खुश है

उसमें हिम्मत नहीं कुछ मुझसे बयां करने की
वो यूं ही राज-ए-मौहब्बत को छुपा कर खुश है

किसी को नेमतें दुनियां जहान की कम हैं
रिज़्क़ दो वक़्त का ही कोई कमा कर खुश है

जैग़म भी शाद है उसे भी मिल गया सुकूं
और खुदा भी उसे अब पास बुला कर खुश है

ग़ज़ल

नुक़्स कुछ आ गया शायद तेरी बीनाई में
खुश्क दिखता है क्यों मौसम तुझे पुरवाई में

ज़लील करके मुझे जाने किस गुमान में है
तेरा ज़वाल है पिन्हा मेरी रुसवाई में

बात ये ज़र्फ़ की है कौन कहां वार करे
यूं तो जायज़ हुआ करता है सब लड़ाई में

ऐसा क्या ख़ौफ़ मेरे ऐहतजाज से है तुझे
वजूद दिखता है किसका मेरी परछाई में

तू क़ैद कर तो ले मुझको मगर ख़्याल रहे
तख़्त की नीव है ज़िन्दान की गहराई में

ये तेरा जशन ये तक़रीब महफ़िलें तेरी
दर्द का सोज़ नज़र आता है शहनाई में

ज़ुल्म करके तू ज़माने को डरा ले बेशक
मौत के ख़ौफ़ से रोता है तू तन्हाई में

छोड़ ये ज़ुल्म ये नफरत ये शरपसन्दी को

मज़ा है प्यार में ख़िदमत में मसीहाई में

तभी अशआर को जैग़म के मिलेगी ज़ीनत

जब उतर जाएंगे ये क़ल्ब की गहराई में

गज़ल

हो अगर अहले नज़र ग़म की निशानी देखो
मुझ को मत देखो मेरी आँख में पानी देखो

मेरी ग़ैरत को गवारा नहीं मैं लब खोलूं
खुद ही आँसू में मेरे बन्द कहानी देखो

मुझसे माज़ी का मेरे ज़िक्र संभलकर करना
फिर उभर आएगी एक चोट पुरानी देखो

जो सबब है मेरे अश्क़ों मेरी तन्हाई का
उसका महफिल में हंसी बात बनानी देखो

हमको मालूम है नुक़सान मिलेगा फिर से
उनसे मिलने को कहे अक़्ल दीवानी देखो

आज़माना यूँ मौहब्बत में किसी को हर दम
अपने हाथो से ही खुद नींव हिलानी देखो

देखने हैं तुम्हें घड़ियाल के आँसू तो फिर
उसकी मरने पे मरे अश्क़ फिशानी देखो

सौ जतन जिसको छुपाने के लिए कातिल ने
आज उस क़त्ल की हर मुँह पे कहानी देखो

जिसने हालात से बचपन ही से लड़ना सीखा
अर्श पे है उसी इन्सां की जवानी देखो

सख़्त हालात हैं जै़ग़म ज़रा सा सब्र करो
घुप अंधेरा ही सहर की है निशानी देखो

ग़ज़ल

वो मुंह पे मेरे बात सुनकर चला गया

औक़ात मुझको मेरी दिखा कर चला गया

हमने ज़बान दी उसे चला भी सिखाया

एहसान सब हमारे भुलाकर चला गया

एहसान करो पर ना रखो ख़ैर की उम्मीद

दुनिया का ये उसूल सिखाकर चला गया

दिल में था जो रोशन कभी उम्मीद के सबब

जलता हुआ चराग़ बुझाकर चला गया

बस हाथ उठाए ही थे करने को बददुआ

फिर ज़हन से ख़्याल ये आकर चला गया

कुछ ने दुखा के दिल करीं ऊचाईयाँ हासिल

उलफत में कोई जान लुटाकर चला गया

ख़ंजर पे ख़ुद ही उसने गला रखके दिखाया

मक़्तूल ही क़ातिल को डरा कर चला गया

कहना तो चाहता था ज़बां ने दिया ना साथ

वो दिल में कई राज़ छुपा कर चला गया

ना मैं गले मिला ना कहा अलविदा उसने

बस दूर जाके हाथ हिलाकर चला गया

ये ज़र्फ तुम्हारा था जो तुमने वफा ना की

ज़ैग़म तो अपना फर्ज़ निभाकर चला गया।

ग़ज़ल

तन्हा ही गामज़न हूँ कोई क़ाफिला नहीं

सब कुछ लुटा चुका हूँ मगर हौसला नहीं

मिल जाएगी मन्ज़िल मुझे इसका है ऐतबार

साबित क़दम रहा मैं अगर खुद हिला नहीं

हिम्मत से ही सर होता है हर एक मारका

मन्ज़िल ज़हन में रखते हैं बस फासला नहीं

यूं झिड़कों ना सायल को खुदा से डरो ज़रा

नरमी से मना कर दो कोई मसअला नहीं

मत दिल को दुखाओं किसी की बददुआ ना लो

तुम कर सको किसी का अगर कुछ भला नहीं

दुनिया जहां की नेमते बिन मांगे मिल गई

थी जिसकी आरज़ू वही हमको मिला नहीं

ज़िन्दा थे जब तलक तो किसी ने ख़बर ना ली

रुकता क्यों ज़ायरीन का अब सिलसिला नहीं

पलटा नहीं ज़ालिम ये खड़ा देखता रहा
वो आख़िरी मकान अभी तक जला नहीं

उनकी ये आरज़ू है अमीरे शहर बनें
सुलझा जो पाएं घर का कोई मसअला नहीं

जाने कहां से आ गई जै़गम में फक़ीरी
शिकवा नहीं किसी से किसी से गिला नहीं

ग़ज़ल

सोचना चाहिये कि रब नहीं इन्सां हूँ मैं
ये जहां मेरा नहीं इसमें तो मेहमां हूँ मैं

मुझको जाना है जहां उसका तो कुछ होश नहीं
जिसमें धोखा है उसी राह में ठहरा हूँ मैं

हैसियत ख़ाक के ज़र्रे के बराबर भी नहीं
और वहम ये है कि सहराओं का तूफां हूँ मैं

जो हकीक़त में खुदा है मुझे इरफान नहीं
संग-ए-मोहताज के दरबार में झुकता हूँ मै

उसका कुछ ख़ौफ नहीं क़ादिर-ओ-क़हहार जो है
और कहां ख़ाक के पुतले से हिरासां हूँ मैं

घर से निकले तो यकीं था कि है मन्ज़िल आसां
हाल ये है राहे-अव्वल पे ही अटका हूँ मैं

छोड़ते वक़्त कहा था कि ना पलटुंगा कभी
आज लेने को ख़बर आया तो हैरां हूँ मैं

जिन को हासिल नहीं जा देख ज़रा उनकी तड़प

क़द्र तुझको नहीं मेरी तुझे आसां हूँ मैं

वो लफ्ज़ छीन के कहते हैं बोलते क्यों नहीं

यहीं अदा तो है जिस बात पे कुर्बां हूँ मैं

है गुमा लोगों को मैं महफिलों में मिलता हूँ

ग़म के तारीक से गोशे में ही तन्हा हूँ मैं

हम तो वो थे कि कभी ज़ुल्फ बिखरने ना दी

अब तो ये होश नहीं कैसा हूँ कहां हूँ मैं

ऐ खुदा नजरे करम थोड़ी सी ज़ैग़म पे भी कर

राह दिखला दे सही मुझको भी नादां हूँ मैं

गज़ल

आज फिर याद मुझे दोस्त पुराने आए
फिर से आँखों में कई शोख़ फसाने आए

सब्र आया था मरे हाल पे मुश्किल से मुझे
याद क्या आए मुझे फिर से रुलाने आए

बस ज़रा देर ही गुज़री थी मेरी आँख लगे
क्यों जगाया मुझे क्यों दर्द बढ़ाने आए

जब भी रोते हैं तो देते हैं दिलासा खुद को
दोस्त शायद कोई फिर मुझको हंसाने आए

ऐसे अपने से तो बेहतर है किनारा कर लो
ग़म में जो छोड़ दे और जश्न मनाने आए

कुछ ने तो हमको सहारा दिया हर ठोकर पर
कुछ ने चलते हुए देखा तो गिराने आए

मेरे अपने तो क़त्ल करके मुझे छोड गए
ग़ैर तदफीन का भी फर्ज़ निभाने आए

जान दे देते हैं ये सोच के दीवाने कुछ

काश तुरबत पे तो वो फूल चढ़ाने आए

शेख़ जी ठहरो नसीहत ज़रा रुक कर देना

पेट की आग बुझे होश ठिकाने आए

आज भी बैठा है ज़ैग़म इसी उम्मीद के साथ

कब मेरा दोस्त गिले-शिकवे मिटाने आए

ग़ज़ल

जितनी थी मेरी ज़रूरत हर वो काम होता गया

जब खुदा से लौ लगाई इन्तेज़ाम होता गया

किस तरह मैं शुक्रिया उसकी इनायत का करूं

काम सब उसने किए और मेरा नाम होता गया

जब से पाया है खुदा दुनिया बेगानी हो गई

नफ्स मेरा खुद-ब-खुद मेरा गुलाम होता गया

मुझको ठुकराया जहां ने तब मिला मुझको खुदा

दर्द जो दुनिया ने बख़्शा वो ईनाम होता गया

फलसफा जब से समझ में आ गया है मौत का

इज़्तराबे क़ल्ब का किस्सा तमाम होता गया

ज़ीस्त के बाज़ार में अक्सर हुआ ये मेरे साथ

मुझको जो भी चीज़ भायी ऊँचा दाम होता गया

दौर-ए-गुरबत में तो मिलते थे हिक़ारत से सभी

जैसे ही दौलत मिली तो ऐहतराम होता गया

बैठा है दस्तरख़्वान पर भूखे पड़ोसी छोड़ कर
दहन में जो भी रखा लुक़्मा हराम होता गया

मुझ पे भी ज़ैग़म इनायत मेरे रब की हो गई
मेरा भी मक़बूल दुनिया में कलाम होता गया।

www.ingramcontent.com/pod-product-compliance
Lightning Source LLC
Chambersburg PA
CBHW031430150726
47989CB00002B/886